AF359285

27 février 178

CATALOGUE

D'UNE COLLECTION

D'ESTAMPES EN FEUILLES,

ENCADRÉES ET EN VOLUMES,

PAR LES PLUS GRANDS MAÎTRES ITALIENS,
FLAMANDS ET FRANÇOIS;

*Provenant du Cabinet de M. le Ch. A. J. D***.*

Dont la vente s'en fera le 27 Février & jours
suivans de relevée, rue de Grenelle, n°. 19,
près la rue des SS. Peres.

Ce Catalogue se distribue,

A PARIS,

Chez
{
Me LEMONIER, Huissier-Priseur,
montagne Sainte-Genevieve.
Et le sieur BASAN, rue & hôtel Serpente.

1788.

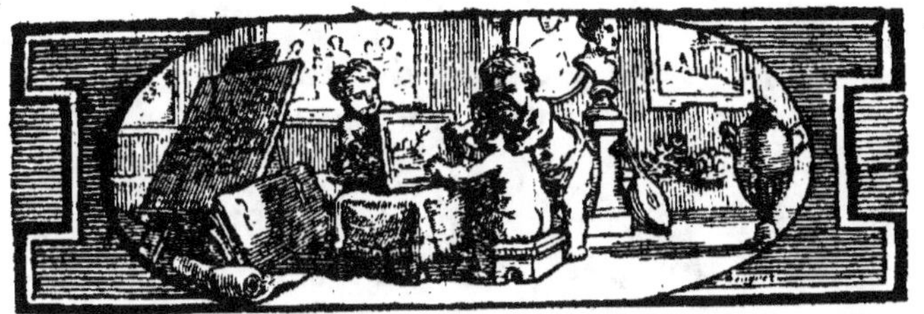

CATALOGUE

D'UNE
COLLECTION D'ESTAMPES
EN FEUILLES, ENCADRÉES
ET EN VOLUMES.

*Provenant du Cabinet de M. le Ch. A. J. D***.*

ESTAMPES ENCADRÉES.

N° 1 Trois du Jugement dernier, d'après Michel-Ange, par Gautier & autres.

2 La Pandore, par Alb... Dur...

3 Deux Danaé & pendant, par Strange, pr. épr. avant la lettre & avant les planches terminées.

4 Les Pélerins d'Emaüs, par Masson, d'après le Titien.

5 Le combat des quatre Cavaliers, par Edelinck.

6 La Chasse aux Lions, par Bolswert, d'après Rubens.

A ij

7 La grande Defcente de Croix & l'*Ecce Homo*, par Rembrandt, anciennes épr.

8 La Piece de cent florins, par Rembrandt, reftaurée par le Capitaine Baillie, Gentilhomme Anglois, & grand Amateur.

9 Le Banquier, ou le Pefeur d'or, par le même, copié à tromper.

10 Le Chrift au rofeau, compofé & gravé à l'eau-forte, par van Dyck, belle épr.

11 L'Enfant au chien, par Goltzius, ancienne épreuve.

12 La grande Foire de Nancy, par Callot.

13 La Tentation de S. Antoine & le Parterre de Nancy, par le même.

14 La mort de Cléopâtre, par Wille, d'après Netscker.

15 Le Concert de Famille, par le même.

16 Agar préfentée à Abraham, d'après Diétricy, par Wille, épr. avant la lettre.

17 Les Muficiens ambulans & les Offres réciproques, par le même ; cette derniere eft avec remarque.

18 La Converfation & la Lecture efpagnole, par Beauvarlet, avec la lettre ; la premiere eft avec la remarque.

19 Les quatre premiers fujets de l'hiftoire d'Efter, par le même, épr. avant la lettre.

20 Deux, la Toilette & le Couronnement d'Efter, d'après Detroy, par le même, épreuves avant la lettre.

21 Les Canadiens, par Ingouf, d'après le Barbier.

22 L'Accordée de village, par Flipart, avant la lettre, sans être tout-à-fait terminée.

23 Le Pere de famille lisant la Bible, d'après Greuze, par Martinasie.

24 La Gimblette, d'après Fragonard, par le Grand, épr. avant la lettre.

25 Le Marché aux herbes d'Amsterdam, épreuve avant la lettre.

26 La troisieme grande Fête flamande, par le Bas, d'après Téniers, épr. avant la lettre.

27 Deux, les Œuvres de miséricorde & l'Enfant-prodigue, par les mêmes.

28 La mort du Marquis de Montcalm, par Chevillet, épr. avant la lettre.

29 Apollon faisant danser les Nymphes, estampe angloise colorée.

30 La Forge, en hauteur, en maniere noire, par Earlom.

31 Un grand Vase rempli de fleurs superbes, d'après van Huysum, par le même.

32 Louis XIV en pieds, par Drevet, d'après Rigaud.

33 M. Bossuet en pieds, par les mêmes.

34 Diverses Estampes encadrées, qui seront divisées.

ESTAMPES EN VOLUMES.

35 La Galérie de Florence, en deux très-grands volumes in-fol. rel. , qui contiennent 158 Eſtampes gravées d'après les tableaux qui ſe voyent dans les appartemens du grand Duc, par différens Graveurs.

36 Les plafonds de la même Galerie, in-fol. en carton.

37 Le premier volume de la Galerie royale de Dreſde , avec le Portrait du Roi de Pologne en tête , gravé par Balechou , relié.

38 Les Peintures du Salon impérial , à Florence, repréſentant les principales actions des Princes de la Maiſon de Médicis, en 24 pièces , par Preiſler , Kilian , &c. grand in-folio en parchemin.

39 Les Peintures du Palais Caprarole, in-fol. parch.

40 Les loges de Raphaël , in-folio oblong relié.

41 Les Tableaux célebres de Véniſe , gravés à l'eau-forte par le Febvre , in fol. parchemin vert.

42 Une ſuite de 40 grandes Vues de Dreſde , relié en parchemin vert.

43 Le Cabinet de Bourguemeſtre Rheinſt en 34 Eſtampes , gravées par Viſſcher & autres célebres Graveurs d'après différents grands Peintres Italiens & autres, in-fol. relié.

44 Recueil de Deſſins du Guerchin, gravés à
l'eau-forte par Bartolozzi, & à la fin du volume ſe trouve un ſujet de Camille & un grand
portement de croix, in-fol. broché.

45 La Galerie Veroſpie, peinte par L'Albane,
in-fol. en carton.

46 Les Ruines de Rome, par Overbek, publié
par Amiconi à Londres, 1739, in-fol. en
parchemin ſans diſcours.

47 Les Ruines de la Grèce, avec figures, par
le Bas, in-fol. en parchemin. Paris, 1758.

48 La ville Aldobrandine, par Dom. Barriere,
in-fol. oblong en Carton.

49 Trente-huit grandes Vues de Rome, par
Piraneſe anciennes épreuves, in-fol. en parchemin.

50 Divers Plafonds d'après le Correge, gravés
à l'eau-forte par Vanni, in-fol. en carton.

51 La Galerie du Palais Pamphile d'après P. de
Cortone, par Audran, in-fol. broché.

52 La Galerie Farneſe d'après le Carrache, par
le Blond, in-fol. oblong en carton.

53 La Galerie & le Cabinet Farneſe, par
Aquila, in-fol. en carton.

54 Les Statues & Buſtes de la ville Pamphile,
in-fol. relié.

55 Les Cris de Bologne d'après Mitelli, par
Curti en 40 planches in-fol. relié.

56 L'Hiſtoire d'Enée d'après le Carrache, gravé
à l'eau-forte par Mitelli, in-fol. broché.

57 Le Voyage de la Terre-Sainte avec figures ;
par Tempeſte. Rome 1619, in-fol. relié.

58 Recueil de différents morceaux d'Architec-
tures de l'Italie, par le même, in-fol. parchemin.

59 Les Ruines de Rome, par Sadeler, en 50
piéces in-fol. oblong.

60 Les Deſſins de l'Egliſe de St. Pierre de Rome,
par Tarade, in-fol. relié.

61 La vie de St. Bruno d'après le Sueur, par
Chauveau, avec une piéce en vers latins à
chaque eſtampe, in fol. relié.

62 Les Impoſtures innocentes, gravées par B.
Picart d'après différents Maîtres, in-fol. à dos
de veau.

63 Un Volume de Portraits d'après Van Dick,
par P. de Jode Hollar & autres. La Haye
1723, in-fol. relié.

64 Recueil de différents ſujets par Sadeler d'après
M. de Vos & autres, in-fol. relié en 27
piéces.

65 Les Paſtorales de Stella, vol. oblong en parchemin.

66 L'Anatomie du corps humain avec de belles
figures d'après Laireſſe, gr. pap. Amſterd 1685,
in-fol. en parchemin.

67 Deſcription de la fonte de la ſtatue équeſtre
de Louis XV avec figures par Mariette. Paris
1758, in-fol. broché.

68 La ſuite des Tombeaux des grands hommes

d'Angleterre d'après différents Maîtres, in-fol.
en carton.

69 Les Vues de la Suède, 3 vol. in-fol. en
parchemin vert.

70 Les Vues de Vienne par différents Graveurs,
contenant plus de 60 feuilles imprimées à Aus-
bourg, en 1714, in-fol. oblong.

71 La Suite de Pierres gravées antiques de Stoch,
par Picart. Amsterdam 1724, broché en carton.

72 Les antiquités d'Ionie par Revett. Londres
1769, in-fol. relié.

73 Deſſins des édifices & uſtenciles des Chinois
par Chambers, in-fol. broché.

74 Les Plafonds de l'Egliſe des Jéſuites d'Anvers, d'après Rubens par Punt en 36 piéces,
in-fol. oblong broché.

75 Bibliothéque Céſarienne, in-fol. oblong broché, avec explication en allemand.

76 Pararelle des plus belles ſalles de ſpectacles
d'Italie, & autres piéces d'architecture par
Dumont, in-fol. relié.

77 Les Spectacles des vertus des Arts & des
Sciences, repréſentés dans le Palais des Dieux,
gravé par François, in-fol. broché.

78 Les Peintures de le Sueur & le Brun, qui
ſont dans la galerie de l'Hôtel Lambert, en
36 piéces par Picart, &c., in-fol à dos de
veau.

79 L'Anatomie de Tortebat, in-fol. en carton,

80 Un Recueil de Payſages de Berghem, Both ;
Fr. Bologneſe, &c., en 53 feuilles, par Viſſcher
& autres, infol. oblong relié.

81 La ſuite des 28 Moutons de Berghem avec
les contrepreuves, en tout 56 pieces brochées
en carton.

82 La Galerie du Luxembourg, anciennes épreu‑
ves, in-fol. broché.

83 L'Hiſtoire de Méleagre, d'après le Brun par
Picart, & dans le même volume ſe trouve
une maſcarade faite à Barcelone par les éleves
du College, in-fol. oblong en parchemin.

84 Divers Deſſins d'autels & autres piéces d'or‑
nemens, décorations &c., par Cuvilliers pere
& fils, infol. relié.

85 Deux Volumes de plans, élévations & déco‑
rations, intérieures de la Maiſon‑de‑ville
d'Amſterdam, d'après Quellinus, in-fol. bro‑
chés.

86 Deux Volumes de l'entrée triomphante du
Prince Ferdinand dans Anvers & Gand,
d'après les deſſins de Rubens, par Vanthul‑
den, &c.

87 Le Vitruve Danois, in-fol. broché.

88 Les deux premiers Volumes du Vitruve An‑
glois, in-fol.

89 L'Architecture Françoiſe par Blondel, 4 vol.
in-fol. reliés en veau fauve. Paris 1727.

90 Les Eſtampes qui entrent dans les volumes,
des antiquités de Maufaucon, 2 vol. in-fol.
reliés. La Haye 1745.

91 Les Cérémonies faites à St. Petersbourg au couronnement d'Élifabeth Iᵉʳᵉ., en 1745, in-fol. broché.

92 La Pompe funébre de Charles V, exécutée par ordre de Philippe II, à Bruxelles, in-fol. broché.

93 Le maniment des armes par Thibault, in-fol. relié, rempli de figures.

94 La Perfpective & Architecture de Bibiene, in-fol. broché.

95 L'Aftronomie de Haller, compofée de 12 grandes planches avec explication, in-fol. relié.

96 La Carte de la France par Caffini, en 18 feuilles, in-fol. oblong relié.

97 Plans & Profils des Château, Chapelle & Jardins de Verfailles, par Démortain, in-fol. relié.

98 Les Tapifferies du Roi, d'après le Brun par le Clerc, in fol. relié.

99 Un Volume des Villes & Maifons Royales de France, les Tuileries, St. Germain &c., in-fol. relié.

100 Mémoires pour fervir à l'hiftoire des animaux, par Perault gr. p., en maroquin in-fol.

101 Mémoire pour fervir à l'hiftoire des plantes du Cabinet du Roi, in-fol. maroquin.

102 Un Volume du cabinet du Roi contenant les vues de Verfailles, Jardins & Statues, in-fol. relié

103 Le Carousel fait à la Cour de Louis XIV,
avec discours François, in-fol. relié.

104 Deux Volumes de la description des Inva-
lides avec les plans & élévations. Paris 1683,
in-fol. relié.

105 Les Médailles de Louis XIV. Paris 1702,
in-fol. relié.

106 Les Plaisirs de l'Isle enchantée. Paris 1664,
in-fol. relié.

107 La Grotte de Versailles avec description,
in-fol. maroquin.

108 Les Travaux d'Hercule, d'après le Poussin,
in-fol. oblong en carton.

109 Les Peintures de la petite galerie du Louvre
par le Brun, gravées par St. André, in-fol.
parchemin vert.

110 La suite des Soldats de Parrocel en 137
figures, in-fol. à dos de veau.

111 Les différentes Evolutions Militaires en 42
figures, par J. de Gheyn, in-fol. a dos de
veau.

112 La Vie de St. Thomas d'Acquin d'après
Otho Vœnius, gravé par Boel & autres, in-4°.
en parchemin.

113 L'Œuvre de Villem Baur, contenant la
suite des Métamorphoses d'Ovide, & divers
sujets gravés à l'eau-forte par lui-même, &
de plus la vie & passion de N. S., & autres
sujets & paysages par Melchior Kussel; le
tout en trois vol. in-fol. reliés en maroquin.

114 L'Œuvre d'Oſtade en 52 pieces, compoſées & gravées à l'eau-forte par lui-même, petit in-fol. broché.

115 L'Œuvre de Nothnagel, Peintre Allemand, compoſé de 46 petits ſujets & têtes gravées à l'eau-forte par lui-même, in-fol. broché.

116 La ſuite des grands Hommes de la Galerie du Palais Royal, in-fol. broché.

117 Le Cabinet de Girardon, & dans le même vol. le tombeau du Cardinal de Richelieu, in-fol. broché.

118 L'Œuvre de la Fage en anciennes épre., in-fol. relié.

119 Le Sacre de Louis XV à Rheims, in-fol. broché.

120 Deux Volumes d'un grand nombre de Figures de l'ancien & nouveau teſtament, par J. & Gaſp. Luyken, in fol. relié.

121 Les Figures de la Bible, avec beaucoup d'eſtampes par différents Maîtres, in-4°. relié.

122 Les Peintures de la Chapelle des enfans-trouvés par Natoire, gravées par Feſſard, in fol.

123 Le Plafond du Val-de-Grace d'après Mignard, in-fol. broché.

124 La ſuite des Fêtes des deux mariages du Dauphin pere du Roi, in fol. broché.

125 Les Fêtes du mariage de Madame Infante, in-fol. relié.

126 Recueil de Fontaines & Frifes d'après le Brun, in-fol. relié.

127 Les Fêtes & Maufolés par Cochin, in-fol. relié.

128 L'Œuvre de Meiffonier, in-fol. en parchemin vert.

129 L'Œuvre d'Oppenort, in-fol. en parchemin.

130 Les Vues de Chambord avec defcription, in-fol. maroquin.

131 Defcription des trois Forts du Port de Breft par Choquet, in-fol. broché.

132 L'Hiftoire & aventures de Donquixotte d'après Coypel, in-fol. oblong.

133 L'Hiftoire de Ragotin eu 25 planches d'après Oudry, in-fol. broché.

134 L'Œuvre de M. Watelet, amateur, compofé de plus de 150 morceaux d'après différents Maîtres, in-fol, à dos de maroquin.

135 Les Empereur & Impératrices par Sadeler, & de plus dans le même volume 16 autres fujets & payfages par le même, in-fol. relié.

136 L'Œuvre de Baptifte célebre Peintre de fleurs, in-fol. en parchemin.

137 Deux autres Receuils de Fleurs par Crifpin de Pas, Vallet, &c., in fol. relié & broché.

138 L'Hiftoire de Lorraine ou les petites Conquêtes par le Clerc, in-4°. maroquin.

139 Conquêtes de Louis XV avec figures. Paris 1759, in fol. broché.

140 Les Médailles des Rois de France gravées par le Clerc, & dans le même volume, divers autres pieces par le même, in-fol. relié.

141 La Caravanne du Sultan, faite à Rome par les Penſionnaires de l'Académie Royale de Peinture, gravée à l'eau-forte par M. Vien, in-4°. broché.

142 Les Figures du Voltaire d'après Gravelot, en 45 eſtampes, in-4°. relié.

143 Les Vignettes & culs de Lampes du Poëme Italien du Taſſe, la Secchia, Rapita, d'après Gravelot, in-8°.

144 Les Figures du Moliere in-4°., d'après Boucher par Cars en 34 pieces, broché.

145 Elemens d'Orfèverie par Germain, 2 parties brochés en un vol. in-4°.

146 Pluſieurs Livres de Serrurerie, par Fordrin & autres, in-fol. br.

147 Pluſieurs bons Livres d'écritures, par Roſſignol, Roland, Roillet, &c, gravés par le Parmentier & autres célèbres Graveurs en ce genre, in-fol. br.

ESTAMPES EN FEUILLES.

148 Les Peintures du Vatican, d'après Raphaël, par Aquilla, en 18 pièces, & de plus la grande Bataille de Conſtantin, en 4 morceaux, par le même.

150 L'histoire de Psyché, d'après le même, par M. Antoine, en 32 pièces.

151 Cinquante sujets divers, d'après Michel-Ange, gravés par G. Mantuan & autres, dont le grand Jugement dernier, les anglès de la Chapelle Sixte, diverses Statues du Vatican, par Chérubin, Albert, &c.

152 Dix-sept Estampes d'après Raphaël : la Théologie, la Poésie, la Navigation, le Commerce, & de plus douze figures des Dieux, d'après Polydore.

153 Une très-grande piece à l'eau-forte, d'après Salviati, sujet de Sacrifice ; & un grand sujet de Bas-relief, par Capitelli, composé de plusieurs morceaux.

153 Trente-Sept Sujets divers, par différents Maîtres Italiens, gravés par Bonasone, G. Mantuan, M. Antoine, &c., dont la Galatée, la prise de Troye, Clytie passant le Tybre ; lesquels feront divisés en plusieurs lots.

154 Deux Pieces par Bartolozzi d'après le Carrache, Clytie & Orlando.

155 Le Triomphe de Galatée en deux feuilles d'après Lazarini, & de plus trente autres pieces d'après C. Maratte, l'Albane, &c., dont le Temple de Janus, la communion de St. Jerôme &c.

156 Douze Pieces d'après C. Maratte & autres, dont Bacchus & Ariane par Frey, Aquila, &c.

157 Notre-Seigneur présenté au Temple, grande composition d'après le Titien par Hollar.

158

158 Là Vierge accompagnée de plusieurs Saints par Vorsterman d'après M. Ange, ancienne épreuve.

159 Douze Pieces d'après Raphaël, Titien & autres, gravées par Aquila, Corn. Cort, G. Mantuan, &c., dont la dispute du St. Sacrement, l'incendie du Bourg, &c.

160 La Transfiguration d'après Raphaël, & la descente de Croix par Dorigny.

161 Les Cartons d'Hamptoncourt, d'après Raphaël par le même, en sept morceaux.

162 Six Pieces d'après le Dominiquain, dont le martyre de Ste. Agnès, le Rosaire, &c.

163 Le Mariage de Psiché, grande piece en travers, composé de plusieurs morceaux d'après Balthazar de Sienne.

164 Vingt Estampes d'après différents Maîtres Italiens, dont St. Luc peignant la Vierge, Jésus – Christ guérissant le paralitique gravé par Matham, &c.

165 Dix-huit autres d'après le Titien, C. Maratte, &c., dont le triomphe de Notre-Seigneur en quatre pieces par Pomarede.

166 Vingt & un Sujets divers, dont plusieurs par M. Antoine, Mars & Vénus, Adam & Eve, &c.

167 Neuf grandes compositions d'après l'Albane, Giroter, C. Maratte & autres, dont le frappement du rócher par Aquila, Appollon & Daphné par van Audenaerd, &c.

168 Vingt-sept Sujets d'après le Guerchin, Tin-

toret & autres ; dont St. Pierre reſſuſcitant Tabite par Bloemaert, Adam & Eve du Dominiquain par Baudet , &c.

169 Quatre grands Sujets Hiſtoriques & morals d'après Boſcarati par Vicentini.

170 Trois Pieces par Della Bella , le Repoſoir, St. Proſper , & la vue du Pont-neuf.

171 Huit Sujets divers par Strange d'après le Guide , P. de Cortonne & autres, dont la mort de Didon , Remus & Romulus , &c.

172 Quatre-vingt-huit Sujets divers par Albert Durer, Lucas de Leyde & autres , dont la Paſſion , l'Enfant-prodigue , &c.

173 La Cêne, d'après Léonard de Vinci , par Soutman ; & la grande Chaſſe au Sanglier , par le même, d'après Rubens.

174 Quatre Pieces, d'après van Dyck, dont Ste. Catherine de Sienne au pied de la Crcix, par Bolſwert, le petit Saint Jean careſſé par l'Enfant-Jéſus, gravé par P. de Jode, &c.

175 Le grand Chriſt à l'éponge, d'après van Dyck , par Bolſwert.

176 Notre-Seigneur étendu ſur les genoux de la Vierge, d'après le même, par Vorſterman.

177 Le grand Couronnement d'épines, d'après ie même , par Bolſwert.

178 Les deux Sujets de Renaud & Armide, par P. de Jode & Baillu.

179 Les Cinq grands Triomphes de l'Égliſe, d'après Rubens , par Bolſwert, &c.

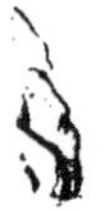

180 Le Sacrifice de Melchifedeck, en deux grands
morceaux, d'après le même, par Néef; & de
plus, le Martyre de Sainte Catherine, par
van Lew.

181 Trois Pièces d'après le même, le Serpent
d'airain, la Pentecôte, & la Chaffe au Sanglier,
par Soutman.

182 La grande Pêche miraculeufe & le Jugement
dernier, par Bolfwert & van Orley.

183 Douze Sujets divers, d'après le même, dont
Loth & fes filles fortant de Sodôme, David
& Abigaïl, la Rencontre de Jacob, &c.

184 Huit autres *idem*, dont la Defcente de
Croix d'Anvers, par Vorfterman, la grande
Judith, &c.

185 Dix autres *idem*, d'après Rubens & Segers,
dont la chûte des Anges, par Snyderhoef; la
mort de Saint Antoine, le Conceit de Sainte
Cécile, &c.

186 Thomiris, par P. Pontius, d'après Rubens.

187 Mutius Scevola & l'enlevement des Sabines,
pr Schmuzer & Martinafie.

188 Le Roi boit, original & copie, d'après
Jordans, par P. Pontius, &c.

189 Quatre grandes Pieces d'après Rubens &
Jordans, dont Saint Martin de Tours, Philé-
mon & Baucis, &c.

190 Six fujets divers, dont les trois Grâces, par
de Jode; le Triomphe de Bacchus, par van
Sompel; la Querelle des Payfans, par Vorfterman, &c.

191 Vingt-sept Portraits, d'après Rubens , **van
Dyck** , &c. dont Charles V , l'Empereur Ferdi and , l'Infante Isabelle , &c.

192 Les Fêtes de Léopold , par R. de Hooge
en huit morceaux , ajustés sur cartons à
filets.

193 Cinq Pieces, par P. Nolpe & R. de Hooge,
dont les trois Ponts-levis d'Amsterdam , &c.

194 Cinq Marines & Payfages , par P. Nolpe;
& de plus, un grand Payfage montagneux ,
par R. Savery.

195 Trente-six petits fujets divers , par **Th. de**
Bry & autres , dont l'Age d'or, la Foire de
Venife , &c.

196 Huit Pieces par Saerredam, dont trois en
hauteur , Bacchus , Vénus & Cérès , & les
Vierges fages & folles.

197 Quatre Pieces par Viffcher , dont la Fricaffeufe , les Violonneurs , la Bohémienne ,
&c. ajuftées à filets d'or.

198 Sept fujets divers , dont les quatre Bourguemeftres , par Suyderhoef; le petit Concert,
par C. Viffcher , &c.

199 Vingt neuf Pieces , par Al. Durer & autres,
dont le Saint Hubert , le petit Age d'or ,
par Th. de Bry , &c.

200 Sept Pieces par Rembrandt , dont Notre-Seigneur préfe té au peuple , la petite Tombe,
Mardochė , &c.

201 Vingt un Payfages gravés à Venife , d'après
Zuccarelli , par Bartolozzi , Wagner , &c.

202 L'entrée de Médicis en Hollande, gravée par P. Nolpe; & un grand Calvaire, par Matham, d'après Al. Dur.

203 Le plafond de Wh¹tehall, à Londres, d'après Rubens, en trois pieces; & de plus, six Ruines d'après J. Paul.

204 Vingt Pieces d'après Berghem, par Viſſcher & autres, dont les quatre heures du jour, &c.

205 Six Pieces par le Bas, d'après Teniers & Wouvermans, dont les grandes Fêtes flamandes, les Sangliers forcés, &c.

206 Agar & la mort d'Abel, par Porporati.

207 Agar, par Maſſard; & le méme Sujet, par Wille.

208 Six ſujets divers, dont l'enlevement des Sabines, par Beauvarlet, épr. avant la lettre; le Portrait de Gérard Dow, par Ingouf, &c.

209 Deux, les Muſiciens ambulans & le Concert de famille, par Wille.

210 Mardoché refuſant de flechir le genoux devant Aman par Beauvarlet, épreuve avant la lettre.

211 Télemaque dans l'Iſle de Calypſo par le même, ép. avant la lettre.

212 Vénus careſſant l'Amour, par Porporati d'après Pompée Battoni, ép. avant la lettre.

213 Les Canadiens par Ingouf, ép. avant la lettre.

214 Le Marquis de Granby par Watſon, belle ép. à la maniere noire

215 Le Maſſacre des Innocents en deux feuilles
par Loir d'après le Brun , collées ſurcarton.

216 Cinq Sujets par Strange , Wille , & Beauvarlet , dont Charles Ier. en manteau royal , le
Jugement d'Hercule , la double ſurpriſe , &c.

217 Rebecca d'après Coypel par Drevet , premiere ép.

218 Les ſept Sacrements du Pouſſin par Peſne ,
ajuſtés à filets ſur cartons minces.

219 Les huit grands Payſages du même par
Baudet.

220 Quatre grandes Pieces du même , le frappement du rocher , le Baptême de notre-Seigneur , &c.

221 Cinq grand Sujets , d'après Jouvenet par
Audran , Deſplaces , le Repas du Phariſien.&c.

222 Cinq autres d'après le même , le Magnificat ,
la deſcente de Croix par Deſplaces , &c.

223 Le grand Chriſt aux Anges , en 2 feuilles
par Edelinck d'après le Brun , ancienne ép. ,
& la famille de Darius d'après Mignard par
Drevet.

224 Six Sujets divers d'après le Brun & Coypel ;
dont la chûte des Anges en 2 feuilles par Loir ,
Athalie , Suſanne , &c.

225 La Peſte de David & celle de Marſeille ,
d'après Mignard & Detroy.

226 Dix Pieces d'après C. Vanloo , dont le
mariage de la Vierge , la vie de St. Gré-
goire , &c.

227 Quatre d'après le Sueur & Coypel, dont le martyre de St. Laurent, Adam & Eve, &.

228 Quatre Pieces, dont le Chrift mort du Carrache par Roullet, la maladie d'Alexandre, &c.

229 Quatre autres, dont la colere d'Achille, de Coypel, la continence de Scipion par le Vaffeur d'après le Moine, &c.

230 Sept autres de le Brun, Mignard, &c. ; dont la Franche-Comté, le Mariage de Ste. Catherine par Poilly, &c.

231 Six, d'après le Pouffin, C. Vanloo, &c.; dont le Tems qui enleve la vérité, le Bacha faifant peindre fa maîtreffe, &c.

232 Trois Plafonds de le Brun & Mignard, du Val-de-Grace, de la Chapelle de Sceaux, & des petits Appartements de Verfailles.

233 Le grand Efcalier de Verfailles, d'après le Brun en fept morceaux, & deux autres plafonds du Pavillon de l'Aurore à Sceaux, &c.

234 Deux grands Sujets d'après le Pouffin, Pyrrhus & Coriolan.

235 Douze Pieces d'après Pouffin, Mignard, &c.; dont les quatre Saifons, Ste. Cécile par Duflos, &c.

236 Dix différents Sujets de Vierges, d'après le Bourdon &c., par Pitau & autres.

237 Les Grandes batailles d'Alexandre d'après le Brun par G. Audran, en 5 morceaux collés fur double papier.

238 Les Sept œuvres de miséricorde du Bourdon , premieres épreuves.

239 La Tempéte , le Calme & les Baigneuses
par Balehou d'après Vernet.

240 Mgr. le Comte d'Artois & Madame ,
jouant avec une chévre par Beauvarlet d'après
Drouais, épreuve avant la lettre.

241 Cinq Sujets divers d'après le Prince par
Tilliard & Galliard , dont trois avant la lettre ,
concert russe , &.

242 Huit autres par Beauvarlet, le Vasseur , &c,;
l'Amour maternel d'après de Peters , offrande
à Cérés , &c.

243 Douze , par Cars & autres d'après le Moine ,
Vien , Nattier , &c. dont les Dames de France ,

244 Douze Sujets de Chasses & autres, dont les
Joueurs , par Jardinier ; les Chasses , par Flipart , &c.

245 Vingt-une Pieces , d'après Watteau , Lan-
cret , &c. dont l'Accordée de village , Renaud
& Armide , &c.

246 Quatorze Sujets divers , d'après le Poussin ,
le Brun , dont S. Paul enlevé au ciel.

247 Le Paralytique & l'Accordée , par Flipart,
d'après Greuze , anciennes épr.

248 Quatre Marines , par Flipart & le Mire ,
d'après Vernet , &c.

249 L'assemblée des Chartreux , grande piece de
six morceaux , d'après Bertholet.

250 Deux , Niobè & Phaëton , gravées par
Woollett , anciennes épreuves.

251 Deux, la Pêche & le Chien d'Espagne,
par le même.

252 Deux, Céladon & Amélie, & Céix &
Alcione, *idem*.

253 Deux, l'Hiver & les Cueilleurs de pommes,
idem.

254 Deux, les Paysans joyeux & pendant, par
le même Woollett, d'après Dusart.

255 Deux, le Moulin à bled & Paysage, d'après
G. Poussin, *idem*.

256 Le Temple d'Apollon, par le même, d'après
Cl. Lorrain, épr. avant la lettre.

257 Diane & Actéon d'après Ph. Laure par
le même.

258 Deux, Scene, de Macbeth, & Thé Fischery,
idem.

259 Deux Paysages d'après le Carrache & Smith
par le même.

260 Le Portrait du Comte d'Harcourt, par
Masson, dit Cadet à la Perle.

261 Neuf Portraits divers par Nanteuil, &c.;
dont le Vicomte de Turenne, le Maréchal
de Vendôme, Colbert, &c.

262 Vingt-quatre Portraits d'après Rigaud &
autres ; dont Philippe V, M. de Vinti-
mille, &c.

263 Huit autres par Schmidt, Daullé, &c.,
dont J. B. Rousseau, Crebillon, de la
Tour, &c.

264 Quatre autres, dont celui de Mlle. le

Couvreur, le Marquis de la Fayette par le Mire, Catherine Mignard de Daullé, &c.

265 Vingt-quatre autres, dont le Cardinal de Fleury, le Prince de Conti, Rigaud & sa Femme par Daullé, &c.

266 Le Grand Jugement dernier d'après J. Cousin par P. de Jode, & la grande These de le Moine par Cars.

267 Divers Estampes qui seront divisées en plusieurs lots.

268 Plusieurs grands Corps d'Armoires avec tiroirs en chêne.

F I N.

Lu & approuvé, ce 25 Février 1788. COCHIN.

De l'Imprimerie de L. F. PRAULT, Imprimeur du Roi, quai des Augustin, à l'Immortalité.